Diary
Book

쥔

나는 돌도끼를
신석기 사내들에게서
친밀감을 느낀다

Diary
Book

나는 돌도끼를 쥔 신석기 사내들에게서 친밀감을 느낀다

글
김인숙 · 김훈 · 박남준 · 백가흠 · 안도현
윤대녕 · 전경린 · 하성란

사진
윤광준 · 이강빈

디자인
김미성

섬앤섬
somensum

차례

1

January

전경린

시 詩처럼

세계는 단지 모든 사람들이 살고 있는 장소에 불과하다고 한 쇼펜하우어의 말은 맞아. 그는, 이런 세계에 태어나 사람들이 왜 그렇게 많이 기대하는지 모르겠다고 말했지. 사실 행복은 우리가 안간힘을 다해 만들어 내는 허구이고, 불행은 우리의 원칙적인 조건이며 삶이란 끊임없이 무화되는 무상함이지. 그러니 생의 조건에 휘둘리지도 말고, 허구를 위해 너무 노력하지도 마. 불만의 마음을 접고 주어진 것을 수수하게 살며 그 속에서 네 정신의 주인이 되기를 바랄 뿐. 그리고 비밀을 간직해. 감정의 움직임은 모두 비밀로 하렴, 사랑도 지성의 형태로 교감하기를. 나는 네가 행복한 척하며 번쩍이고 웃어 대기보다는, 시詩처럼 신선하고 아름답게 살면 좋겠어.

행복한 척하며 번쩍이고 웃어 대기보다는
시詩처럼 신선하고 아름답게 살면 좋겠어

행복한 척하며 번쩍이고 웃어 대기보다는
시詩처럼 신선하고 아름답게 살면 좋겠어

행복한 척하며 번쩍이고 웃어 대기보다는
시詩처럼 신선하고 아름답게 살면 좋겠어

행복한 척하며 번쩍이고 웃어 대기보다는
시詩처럼 신선하고 아름답게 살면 좋겠어

행복한 척하며 번쩍이고 웃어 대기보다는
시詩처럼 신선하고 아름답게 살면 좋겠어

행복한 척하며 번쩍이고 웃어 대기보다는
시詩처럼 신선하고 아름답게 살면 좋겠어

행복한 척하며 번쩍이고 웃어 대기보다는
시詩처럼 신선하고 아름답게 살면 좋겠어

행복한 척하며 번쩍이고 웃어 대기보다는
시詩처럼 신선하고 아름답게 살면 좋겠어

February

김
훈

나의

지난겨울은 추웠고, 눈이 많이 내렸다. 쌓인 눈이 얼기 전에 눈을 치웠다. 눈을 치우고 나서 책을 읽었다. 눈과 책 속에 파묻혀서 겨울이 지나갔다. 쌓인 눈은 녹아서 없어졌고, 읽고 나서 밀쳐놓은 책들이 방 안에 쌓였다. 입춘 날, 겨우내 읽은 책들을 비닐 끈으로 묶어서 지하실에 던졌다. 그 책들을 다시 펼쳐 볼 일은, 아마도 없을 것이다.

책을 읽기는 어렵지 않지만 책과 책 사이를 건너가기는 어렵고, 나 자신과 책 사이를 건너가기는 더욱 어렵다. 그래서 나는, 책을 읽기 전과 책을 읽은 후가 마찬가지이다.

나는 왜 책을 읽는가.

그것을 알면서도, 눈을 치우고 들어와서 돋보기를 끼고 책을 읽었다. 책을 읽어서 나 자신을 새롭게 할 수 있을까, 그 사적인 새로움으로 세상을 새롭게 할 수 있을까, 이 질문이 내 책읽기의 지옥이다.

입춘 날 들에 나갔다. 누런 개가 눈 녹은 땅에 코를 들이대고 땅 속을 검색하고 있었다. 봄에는 부푸는 땅의 젖은 냄새가 개의 관능을 들뜨게 한다. 개는 맴돌면서 쩔쩔매었다.

개가 흙을 헤집은 자리에서 쑥이 올라오고 있었다. 나는 개처럼 엎드려서 쑥 냄새를 맡았다. 쑥 냄새는 먼 실핏줄 끝까지 번졌다. 쑥 냄새는 아득한 태고의 지층에서 발신되고 있었는데, 흙 속에 스민 추위와 햇볕의 질감이 엉겨 있었다. 책은 멀고, 쑥은 가까웠다. 내 마음은 쑥 냄새에 실려서 냉이가 올라오는 2월, 미나리가 연두색으로 돋아나는 3,4월 그리고 여린 두릅을 먹는 5월로 나아갈 수 있었다

단군의 엄마 웅녀熊女는 캄캄한 동굴 속에서 쑥과 마늘을 먹으면서 21일을 견딘 끝에 사람의 여자로 환생해서 단군을 낳았다는 것인데, 봄에 된장을 풀어서 끓인 쑥국을 먹어보면, 그 고대적이고도 신화적인 맛과 냄새에는 사람으로 탄생하려는 곰의 염원을 실현시켜줄 만한 주술적 힘이 들어 있는 것도 같다. 쑥국의 맛은 봄날의 부푼 흙을 고아서 먹는 것 같다. 그 맛은 아득한 시공을 건너와서 창자에 감긴다.

쑥국은 먹이의 추억이거나 그림자와 같다. 맛과 향기는 몸에 느끼지만, 목구멍으로 넘

立春榜 입춘방

어가는 건더기의 중량감이 거의 없다. 쑥은 애처로운 풀이다. 그 가녀린 것이 세상의 모든 풀 중에서 가장 먼저 언 땅을 열고 올라온다. 쑥국은 건더기가 영세해서 안쓰럽다. 봄맞이 국을 푸지게 먹으려면 냉이를 기다려야 한다. 언 땅 속에서 겨울을 버티어낸 냉이 뿌리는 흙의 정기가 가득차서 힘차고 거칠다. 냉잇국은 건더기가 푸짐하다.

작년 봄에는 세숫대야만한 냄비에 냉잇국을 끓였다. 된장 국물에 냉이와 모시조개를 넣고 끓인 다음 고추장을 약간 풀고 청량고추를 한 개 썰어 넣었다. 소가 여물 먹듯이, 건더기를 아귀아귀 씹어 먹고 국물을 다 들이켰다. 겨우내 책을 붙잡고 앉아서 뭉개느라고 꼬이고 뒤틀린 창자를 냉잇국물이 쓰다듬어서 펴주었다. 그때 내 몸의 깊은 곳이 찢어지듯이 열리면서 분석되지 않는 울음 같은 것이 치밀어 올랐다. 진시황이 이 세계를 모조리 뒤져가며 찾아 헤매던 불로초, 천하의 권세를 장악한 그 사람도 결국 못 먹고 죽은 그 생명의 풀이 바로 이 냉이였구나!

냉이는 겨울을 견딘다.

냉이는 스스로 겨울을 견디어낸 힘으로, 겨울을 겨우 지나온 다른 존재들을 위로한다. 동의보감을 펴 보았더니, 냉이는 간의 기운을 통하게 하고 오장을 편안하게 하고 삿된 기운을 잠재운다고 쓰여 있었는데, 내가 작년 봄에 먹은 냉잇국이 그러했다.

춘분이 지나면 냉이는 겨울을 견디는 고난의 향기를 잃고, 줄기가 억세어져서 먹을 수 없다. 냉이가 억세어지면 미나리가 나온다.

어린 미나리의 연두색은 발생 초기의 색깔의 태아와 같다. 미나리는 청순하고 싱싱해서 생명의 앞쪽으로 다가오는 미래의 시간을 꿈꾸게 한다. 그래서 미나리 속에는 태어나지 않은 음악의 잠재태가 들어 있을 듯하다.

미나리는 데쳐서 먹기도 하고 어린 순을 된장에 찍어 먹기도 하는데, 나는 미나리 물김치를 좋아한다. 어린 미나리와 무를 썰어서 소금물에 담가 놓으면 엷은 연두색 국물이 우러나온다. 이 물김치를 먹으면, 심청 아버지가 눈을 뜨듯이 갑자기 눈앞이 환해지면서 새로운 시간의 바다가 펼쳐진다.

땅 위에 널린 인간의 먹이 중에서 청량감은 미나리가 단연 으뜸이다. 미나리는 명석하고 단순하다. 미나리의 맛은 여러 겹의 층위나 배후를 거느리지 않는다. 그래서, 냉이는 뜨거운 국물로 끓여야 가문 몸에 깊이 스미지만 미나리는 서늘한 물김치로 만들어 먹어야 눈앞이 열린다. 그 미나리 물김치에 흰 쌀밥을 말아먹으면, 몸속으로 음악의 악보가 흘러들어간다. 내 어머니는 한식날 성묘음식을 준비할 때 쇠고기 산적 한 점에 빨간 실고추와 노란 달걀부침을 고명으로 얹고 연두색 미나리 잎으로 허리를 묶었다. 그래서 빨강, 연두, 노랑을 한 입에 먹도록 해주었는데, 이 미나리 산적을 먹을 때 음악뿐 아니라 온갖 색깔까지도 함께 몸속으로 들어갔다. 미나리는 경쾌하고 발랄한 새 시간의 풀이다.

미나리가 억세어지면 두릅을 기다린다. 봄의 산천이 어린 싹에서 신록의 숲으로 자라나듯이 봄에 먹는 푸성귀도 쑥에서 냉이로, 냉이에서 미나리로, 미나리에서 두릅으로 넘어간다.

두릅이 나오면 봄은 절정이다.

두릅은 5월 초순에 먹는다. 그때면 봄의 숲은 완성된다. 숲은 미성년의 시절을 지나서 청년의 문턱을 들어선다. 두릅은 그 5월 숲의 선물이다. 두릅은 그 어린 순 하나가 숲 전체의 향기나 질량과 맞먹는다. 그래서 두릅을 한 입 먹으면, 숲 전체를 몸 안으로 끌어넣는 것과 같다. 두릅은 줄기 꼭대기에서 움트는 어린 순을 따서 먹는다. 두릅은 줄기와 잎에 가시가 무성하지만, 두릅 순에는 아직 가시가 없다. 그 순을 잘 들여다보면 안쪽에 가시로 돋아날 싹들이 뛰쳐나올 준비를 하고 있다. 이 가시가 나오기 전에 두릅을 먹어야 한다. 향기가 너무 짙어서 날로 먹을 때에는 물에 담가서 쓴 맛을 빼고 먹는다. 내 어머니는 부엌 아궁이 속 타고 남은 재에 두릅을 파묻어서 구워 주셨는데, 거기에는 숲의 향기와 재의 향기가 섞여 있었고, 두릅의 야성이 불의 열기로 순치되어서 숲의 기운으로 밥을 지어먹는 맛이었다.

두릅을 다 먹고 나면 봄날은 간다.

입춘 날 뜰에 나가서 쑥을 들여다보면서 먹을 궁리를 했다. 책은 멀고 쑥은 가까웠다. 새로운 시간이 쑥과 미나리에 실려 오기를 바란다.

나의 입춘방이다.

입춘대길立春大吉.

©윤광준

책을 읽기는 어렵지 않지만 책과 책 사이를 건너가기는 어렵고,
나 자신과 책 사이를 건너가기는 더욱 어렵다.

책을 읽기는 어렵지 않지만 책과 책 사이를 건너가기는 어렵고,
나 자신과 책 사이를 건너가기는 더욱 어렵다.

책을 읽기는 어렵지 않지만 책과 책 사이를 건너가기는 어렵고,
나 자신과 책 사이를 건너가기는 더욱 어렵다.

책을 읽기는 어렵지 않지만 책과 책 사이를 건너가기는 어렵고,
나 자신과 책 사이를 건너가기는 더욱 어렵다.

책을 읽기는 어렵지 않지만 책과 책 사이를 건너가기는 어렵고,
나 자신과 책 사이를 건너가기는 더욱 어렵다.

책을 읽기는 어렵지 않지만 책과 책 사이를 건너가기는 어렵고,
나 자신과 책 사이를 건너가기는 더욱 어렵다.

책을 읽기는 어렵지 않지만 책과 책 사이를 건너가기는 어렵고,
나 자신과 책 사이를 건너가기는 더욱 어렵다.

March

나는 돌도끼를 쥔

나는 자동차를 운전할 수 없다. 자동차뿐 아니라 컴퓨터, 카메라, 녹음기 같은 기계 장치들을 만지지 못한다. 나는 모든 자동 장치나 원격 조정 장치를 싫어한다. 나는 내 손으로 사물을 직접 만지기를 좋아한다. 연애하는 남녀들은 왜 틈만 나면 키스를 하는가. 사랑은 원격 조종이 아니기 때문이다. 사랑은 사이버가 아니다. 사랑은 아날로그 식으로 입술과 입술을 맞붙이고 핥아먹는 것이다. 쪽쪽 소리가 나야 사랑이고 소리가 안 나면 사랑이 아니다.

나는 비행기 타기를 아주 싫어한다. 기계 장치에 실려서 내 몸이 고공으로 올라왔다는 그 물리적 현상이 몹시 불편하다. 비행기를 타면 내 존재의 하중을 상실하는 느낌을 떨쳐버릴 수가 없다. 좁은 의자에 묶여서 화장품 냄새 나는 여승무원들이 가져다주는 그 들척지근한 기내식을 먹어야 하는 시간을 나는 견딜 수 없다. 그래서 나는 되도록 해외여행을 가지 않는다. 가보고 싶은 곳은 많지만 비행기가 싫어서 가지 못한다.

나는 지금 이걸 자랑이라고 하는 말이 아니다. 나는 이 첨단 문명의 세상에 낄 수 없는 낙오자로서 살아간다. 나는 이런 삶의 스타일이 남들보다 고매하거나 순결하다고 생각하지 않는다. 다만 불편할 뿐이다. 밥벌이에도 막대한 지장이 있다. 그러나 내 몸과 마음이 이끄는 대로 살아온 결과가 이러하니 어쩔 수 없는 일이다. 나는 여생의 시간을, 낙오된 자의 편안함 속에서, 그 편안함과 더불어 더욱 낙오되면서 살 수밖에 없다. 나는 외계의 사물에 부딪치고 거기에 저항하고 또 순응하는 몸의 중량감을 이끌며 살아간다. 그 중량감이 훼손당할 때 나는 불안하고 불쾌하다. 나는 돌도끼를 쥔 신석기 사내들에게서 나를 부르는 듯한 친밀감을 느낀다.

물건을 사거나 술값을 낼 때, 나는 신용카드를 쓰지 않고 현금으로 낸다. 손가락으로 지폐를 헤아려서 계산을 하고 거스름돈을 받아야만 돈을 쓰는 느낌이 확실하다. 신용카드로 계산을 하면 사실감이 없어서 돈을 썼는지 안 썼는지, 물건을 샀는지 안 샀는지 얼른 감이 잡히지 않는다. 내 영세한 살림이 헛것의 늪으로 빠져드는 느낌이다.

돈은 돈으로 살 수 있는 물건이 아니고 구매력을 표시하는 기호이다. 돈은 실물이 아

신석기 사내들에게서 친밀감을 느낀다

니고 실물의 그림자에 불과할 터인데, 이 그림자가 실물을 지배하고 현실을 장악한다. 쉽게 돈을 번 부자들 중에는 돈을 물 쓰듯 하는 사람들이 많다. 이런 부자들은 돈의 추상성과 실물의 구체성을 구별하지 못하고 그 양극단 사이의 늪에 빠져서 허우적거리는 꼴이다. 돈이 현금이 아니라 신용카드의 형식으로 유통될 때 돈의 추상성은 더욱 커진다. 이 추상성이 실물을 기호처럼 보이게 하는데 실물과 기호 사이에 빚더미의 함정이 아가리를 벌리고 있다. 그래서 신용카드를 만질 때는 긴장하고 조심해야 한다. 증권 시장은 어떤가? 거기에서는 이 세상의 온갖 실물들이 기호로 바뀌어서 서로 치고받으면서 솟아오르고 거꾸로 박히는데 나는 그 작동 원리를 전혀 알지 못한다.

나는 자동차의 백미러가 무섭다. 그 손바닥만한 볼록 거울 속에서는 거리의 모든 자동차와 빌딩들이 손톱만한 크기의 기호로 바뀌어서 흘러들어오고 흘러나간다. 운전자는 그 기호들을 들여다보면서 자기 자신이 도로의 중심이라는 착각에 빠지기 십상이다. 백미러 속의 기호들은 기호처럼 보이는 실물이고, 실물감을 벗어난 기호들이다. 그 기호에 부딪치면 자동차는 끝장이고 때로는 죽음이다.

나는 여생의 시간을,
낙오된 자의 편안함 속에서,
그 편안함과 더불어 더욱 낙오되면서 살 수밖에 없다.

나는 여생의 시간을,
낙오된 자의 편안함 속에서,
그 편안함과 더불어 더욱 낙오되면서 살 수밖에 없다.

나는 여생의 시간을,
낙오된 자의 편안함 속에서,
그 편안함과 더불어 더욱 낙오되면서 살 수밖에 없다.

나는 여생의 시간을,
낙오된 자의 편안함 속에서,
그 편안함과 더불어 더욱 낙오되면서 살 수밖에 없다.

나는 여생의 시간을,
낙오된 자의 편안함 속에서,
그 편안함과 더불어 더욱 낙오되면서 살 수밖에 없다.

나는 여생의 시간을,
낙오된 자의 편안함 속에서,
그 편안함과 더불어 더욱 낙오되면서 살 수밖에 없다.

나는 여생의 시간을,
낙오된 자의 편안함 속에서,
그 편안함과 더불어 더욱 낙오되면서 살 수밖에 없다.

April

하성란

봄밤, 옛집으로 가는

베란다의 화단에 심은 두 그루의 포도나무에서 움이 터 하루가 다르게 새순들을 풀어놓는다. 맨 처음 포도나무를 사왔을 때는 불쏘시개로 쓰는 나무 막대기거나 장작으로밖에는 보이지 않았다. 이런 나무에서 정말 꿀처럼 단 포도들이 열릴까, 이렇게 죽은 듯 바싹 마른 나무에서 초록색 싹이 나기는 날까, 걱정이었는데 어느 날 옹이마다 움들이 맺혔다. 단단하고 고집스러워 보이는 움의 색깔은 단단히 벼르고 별러 이를 입술로 깨문 듯 보라색이었다.

봄밤이다. 이때쯤부터 창문을 조금 열어놓는다. 어느새 바람도 성질이 죽었다. 부드럽고 달콤하다. 바람이 불어오면서 화단의 새순과 물 묻은 흙, 이끼 냄새까지 같이 실어온다. 밤새 잠을 설쳤다. 밤나들이 가고 싶어 몸이 들썩거렸다. 마지막 전철이 끊기고 고가도로의 자동차도 뜸해졌다. 어느 한 순간 정말 고요해서 화단의 글라디올러스가 땅을 들썩이며 올라오는 소리가 들리는 듯싶었다.

바람 때문이었을까, 새벽부터 열이 올라 온몸이 따끔거렸다. 머리맡의 메모지에 꽃이 피듯 온몸이 아프다, 라고 적어두었는데 그 쪽지를 발견한 아이가 대체 얼마나 아파야 꽃이 피듯 아픈 거냐고 물어온다. 아이가 제 팔뚝을 내민다. 엄마가 아픈 만큼 한 번 꼬집어주면 엄마가 적어놓은 그 말뜻을 이해할 수 있겠단다. 한번 꼬집어주었더니 금세 코끝이 빨개지고 울먹울먹한다. "이만큼?" "아니. 지금 꼬집은 것보다 열 배쯤." 아이가 팔을 문지르면서 도망을 간다.

마흔 즈음, 엄마도 나처럼 아팠다. 우리는 엄마를 일기예보라고 불렀다. 날씨도 화창한데 엄마가 우산을 쥐어주면 귀찮아하면서도 어쩔 수 없이 들고 갈 수밖에 없었다. 그런 날이면 마지막 수업 시간이거나 집으로 돌아오는 길에 어김없이 비가 내렸다. 학교에서 돌아오면 엄마는 방에 불을 때고 누워 있었다. 부스스하게 엉킨 파마머리와 퉁퉁 부은 얼굴. 엄마가 누워 있는 방에서는 엄마의 숨결과 머리 냄새, 세탁비누 냄새에 섞여 땀 냄새가 났다. 그때쯤이면 여자는 조금씩 아프기 시작할 나이인 것이다.

엄마가 누워 있던 방 아래쪽에 다락으로 올라가는 작은 쪽문이 달려 있었다. 쪽문을

골목을 헤매다

열면 다락에 고여 있던 밖의 한기가 안방으로 내려왔다. 한겨울이면 다락은 텅 비어 있었다. 엿을 발라 녹기 쉬운 강정이나 쌀과 통을 보관하는 곳으로나 쓰였다.

봄부터 초겨울까지 그곳은 나만의 장소였다. 아직 어린 동생들은 엄마 곁에서 잠들었다. 똑바로 서면 고개를 반듯이 펼 수도 없어 기역자로 몸이 굽혀지는 천장 낮은 다락에서 나는 책을 읽고 편지를 쓰고 몽상으로 시간을 보냈다. 그때의 나는 내가 어떤 사람들과 만나고 집에서 얼마나 먼 곳까지 가게 될지 몰랐다. 누군가 때문에 마음 아프게 될지 몰랐고 내가 누군가에게 상처를 주게 될지도 몰랐다. 하지만 막연하게 느끼고 있었을까, 나는 다가올 미래 때문에 설레었고 불안했고 무서웠다.

다락에 있으면 밤이 늦도록 전등을 켜둘 수 있었다. 사방이 고요해지면 안방에서 식구들의 코 고는 소리가 들려왔다. 골목 마지막 집이었기 때문에 창문 밖은 먼 곳까지 트여 있었다. 크고 작은 집들의 지붕들이 펼쳐지고 논과 밭이 끝나는 곳에 야트막한 산이 서 있었다. 산 아래에도 사람들이 사는지 불들이 반짝이다 밤이 깊으면 하나, 둘 꺼졌다. 새벽까지 꺼지지 않는 불빛도 있었다. 그때부터였을 것이다. 창문을 열어두고 자는 습관을 갖게 된 것은.

출판사에 다니던 아버지는 다락의 외풍을 막기 위해 책 광고지로 도배를 했다. 고개를 돌리면 낮은 천장이 눈에 들어왔다. 똘스또이, 도스또예쁘스끼, 루쉰…… 낯선 이방인들의 이름을 그곳에서 알았다. 엉덩이를 크게 부풀린 드레스 차림의 안나 까레리나의 모습과 책의 내용을 두 줄, 세 줄로 요약한 줄거리를 읽다보면 잠이 쏟아졌다. 수많은 활자들이 내게는 별이었다.

골목은 다른 골목들과 큰길에서 합쳐졌다. 학교에 비해 학생 수가 턱없이 많던 시절이었다. 등하교 시간이면 골목길을 빠져나온 아이들이 큰길에서 만났다. 골목을 중심으로 아이들은 뭉쳤다. 골목은 그 골목 아이들이 큰소리칠 수 있는 곳의 경계선이기도 했다. 학교에서 돌아오면 골목은 아이들의 놀이터가 되었다. 골목 입구에 있는 전신주는 인기 있는 놀이 기구여서 그곳을 붙들고 늘어서는 아이들이 늘 끊이지 않았다. 가끔 남자애들은 다른 골목의 남자애들과 쌈박질을 하기도 했다. 저녁이면 골목은 음식을 조리고 끓이는 냄새로 가득했다. 아이들의 이름을 불러대던 엄마들의 새된 소리가 지금도 들리는 듯하다.

옛집을 떠나온 건 고등학교 2학년 때였다. 그 뒤로 순식간에 세월이 흘렀다. 나는 옛집에서 수많은 골목들을 지나 먼 곳까지 걸어왔다. 자연스럽게 다른 동네, 다른 골목의 아이들과 사귀었다. 그런데도 아직 옛집 꿈을 꾼다. 햇살이 들어오는 옛집 다락방에서 하늘색 원피스를 입고 라디오를 듣는다.

이제 오학년이 된 아이는 제가 나고 다섯 살 때까지 자란 집으로 다시 이사 가고싶어 한다. 집이 좁아 잡동사니로 넘쳐났던 곳, 보행기를 탈 곳이 마땅치 않아 이 벽에서 툭, 저 벽에서 툭 부딪히던 좁은 집을 아이는 꿈에서 보는지 잊지 않는다. 그 아파트로 들어가는 골목과 놀이터의 위치를 제법 소상히 기억하고 있다. 자기보다 한 살 어렸던 옆집 아이가 아직 그곳에 살고 있는지 그것도 몹시 궁금하다. 한번 가보고 싶다고 말하다가 어느새 잊어버리고 또 문득 생각해내서는 어른 말투를 흉내 내서 "그때는 행복했었어."라고 말해 어른들을 웃긴다.

정말 우리, 그때 행복했었나? 엄마는 옛집 이야기만 나오면 고개부터 흔든다. 그 집에서 엄마는 너무 아팠다. 엄마가 병원에 입원해 있는 동안 아버지가 우리들의 머리를 빗겨주었다. 가르마는 비뚤거리고 너무 세게 묶어 두 눈이 사납게 치켜올라가고는 했다. 아버지의 실직으로 돈에 쪼들리던 시절이기도 했다.

나는 신혼 생활을 시작했던 비좁은 그 집이 싫었다. 방이 한 칸 더 있고 몸을 담글 수 있는 욕조가 있는 곳으로 이사를 가는 것이 꿈이었다. 하지만 아이는 봄이면 민들레가 피던 아파트 뒤뜰과 세발자전거의 바퀴를 처음 밟던 곳으로 그곳을 떠올린다.

옛집이 재개발로 헐린다는 소식을 들었다. 그곳에는 아파트가 들어설 예정이다. 여러 번 그 근처를 지날 일이 있었는데 그곳에만 들어서면 방향 감각이 없어졌다. 수많은 개발로 골목이 없어진 때문이라는 걸 한참 뒤에야 알았다. 이제는 큰 대로들뿐이다. 그곳 어딘가에 내린다 해도 옛집으로 가는 길을 찾을지가 의문이다.

옛집이 헐리면 더 이상 옛집 꿈을 꾸지 않을까. 아이가 묻는다. "엄마, 우리 옆집에 살던 애, 아직 거기 살까?" 순식간에 아이는 삐걱삐걱 세발자전거를 타고, 나는 다락에 엎드려 라디오를 듣는다. 하늘에 구름 떠가네…… 이 몸이 하늘이면 얼마나 좋을까…… 우리는 거기서 행복했다.

봄밤이다. 밤나들이가 나가고 싶은 봄밤이다.

봄밤이다.
밤나들이가 나가고 싶은 봄밤이다.

봄밤이다.
밤나들이가 나가고 싶은 봄밤이다.

봄밤이다.
밤나들이가 나가고 싶은 봄밤이다.

봄밤이다.
밤나들이가 나가고 싶은 봄밤이다.

봄밤이다.
밤나들이가 나가고 싶은 봄밤이다.

봄밤이다.
밤나들이가 나가고 싶은 봄밤이다.

봄밤이다.
밤나들이가 나가고 싶은 봄밤이다.

April

하성란

내가 아직 순수했을 때, 마치 봄바람처럼 마음을 뒤숭숭하게 하고 어느 곳인지 알 수 없어 긁어댈 수도 없게 만드는 간지러움으로 온몸이 굼실대기 시작했을 때, 나는 내게 다가올 미래 때문에 불안했고 들떠 있었다.

화장실에 은밀한 낙서를 해두거나 총각 딱지 뗀 것을 훈장처럼 생각하는 또래의 남자애들보다는 덜 적극적이었겠지만 나도 그와 비슷한 욕망 때문에 몸살을 앓았다. 나에게 처음 그것이 찾아온 날을 똑똑하게 기억한다. 초등학교 6학년 늦여름이었는데 반 친구 서넛과 화단 쇠난간에 걸터앉아 운동장을 가로질러와 교문을 빠져나가는 학생들을 바라보고 있었다. 그것은 환한 아우라처럼 한 남자애의 무동을 타고 오고 있었는데 그 남학생 뒤로 운동장 한 끝이 끌려오고 있는 듯한 착각이 들었다. 맨살에 닿은 화단의 쇠난간은 살을 데일 듯 뜨거웠고 머리통으로 쏟아지는 햇볕도 뜨거워서 기절할 것만 같았다.

주세페 토르나토레 감독의 작품인 《시네마 천국》에서 가장 인상적인 장면 중의 하나가 알프레도가 남긴 필름을 토토가 보는 장면인데 그 필름은 신부의 검열 때문에 잘리고 상영되지 못한 입맞춤 장면만 짜깁기된 것이었다. 내 머릿속이 그 필름이었다.

예전의 부모님들은 과묵한 편이어서 금지된 모든 것들을 책을 통해 알아나갔는데 입맞춤이라는 것은 내가 알 수 없는 세계의 문을 따는 열쇠였다. 이 간단한 접촉으로 소설과 영화가 시작되었고 행복한 결말을 맺었다.

“성기成麒는 몸을 일으켜 그녀의 그 둥그스름한 어깨와 목덜미를 껴안았다. 그리고는 입술이 포개졌다.

그녀의 조그맣고 도톰한 입술에서는 한나절 먹은 딸기, 오디, 산복숭아, 으름 들의 달짝지근한 풋내와 함께 황토 흙을 찌는 듯한 향긋하고 고수한 고기肉 냄새가 느껴졌다. 까악까악하고 난 데 없는 까마귀 한 마리가 그들의 머리 위로 울며 날아갔다.”

김동리 선생의 단편 〈역마〉의 한 구절이다. 맨 처음 이 문장을 읽었을 때는 성기와 계연의 입맞춤 장면을 나는 두 페이지 정도 되는 긴 분량으로 기억하고 있었다. 다시 찾

아 읽어보니 조금 긴 한 개의 문장일 뿐이었다. 그때 나를 압도했던 나머지 문장들은 대체 어디로 날아갔나.

내가 아직 순수했을 때, 나는 입맞춤으로 나의 긴 잠을 깨워줄 사랑을 기다리고 있었다. 딸기, 오디, 산복숭아, 으름, 고기 냄새…… 단 한 줄의 문장은 순수의 시절을 현장 검증하는 문장이다.

이 단 한 줄의 문장은 순수의 시절을 현장 검승하는 문상이나.

이 단 한 줄의 문장은 순수의 시절을 현장 검증하는 문장이다.

이 단 한 줄의 문장은 순수의 시절을 현장 검증하는 문장이다.

이 단 한 줄의 문장은 순수의 시절을 현장 검증하는 문장이다.

이 단 한 줄의 문장은 순수의 시절을 현장 검증하는 문장이다.

이 단 한 줄의 문장은 순수의 시설을 현장 검증하는 문장이다.

이 단 한 줄의 문장은 순수의 시설을 현장 검증하는 문장이다.

이 단 한 줄의 문장은 순수의 시절을 현장 검증하는 문상이다.

June

김
훈

자전거는

며칠씩 책을 읽거나 글을 쓰고 나면 내 몸의 존재감과 삶의 중량감이 희박해진다. 살아 있다는 생명 현상이 명료하고 치열하게 다가오지 않고 희뿌옇게 멀어져간다. 그런 날에는 자전거를 타고 들에 나간다. 자전거를 타고 봄의 강가나 숲 속을 달리면서 나는 나 자신의 몸과 삶과 생각 사이의 직접성을 회복한다. 페달을 저어서 땅 위를 달려갈 때 내 몸과 길은 직접 마주 붙는다. 자전거는 엔진이 없고 체인이 있는데, 이 체인은 내 허벅지와 연결되어 있고 내 심장과 허파의 에너지가 허벅지를 통해서 체인에 전달된다. 내 몸의 힘이 체인의 마디마디의 베어링을 따라 흘러서 뒷바퀴 구동축을 돌리고, 뒷바퀴가 땅을 밀어서, 내 몸은 자전거를 끌고 앞으로 나아간다.

뒷바퀴가 땅을 밀 때, 바퀴에 걸리는 저항은 다시 내 허벅지를 따라서 심장과 허파에 전달되고, 나는 가쁜 숨을 몰아쉰다. 땅의 저항을 허벅지로 받아내며 달릴 때, 삶의 실물감이 내 몸에 가득 찬다. 이때 나와 세계 사이를 가로막고 있던 추상과 기호들은 소멸하고 내 몸은 길바닥 위로 펴져 나간다. 다가오는 시간이 길 위에 깔리고 내 몸은 그 시간의 새로운 입자들을 밟고 앞으로 나아간다.

이러니 자전거는 내 몸과 조금도 다르지 않다. 자전거를 타고 달릴 때, 자전거의 바퀴는 외부의 사물이 아니라 내 몸의 일부다. 자전거의 바퀴는 자동차의 바퀴나 기차의 바퀴와 다르다. 자전거의 바퀴는 내 몸에서 돋아난 바퀴다. 내 몸의 힘으로 이 바퀴를 굴려서 앞으로 나아갈 때, 나는 자유를 느낀다. 나는 세상으로부터 소외되어 있지 않고, 나는 세상의 길에 연결되어 있다. 그 속도는 빠르지 않지만, 느리지도 않다. 빠름과 느림의 비교는 내 몸속에서 소멸하고, 나는 내 몸이 허락하는 속도와 더불어 편안하다.

나는 자전거를 타고 인제에서 양양 쪽으로 태백산맥을 넘었고 전북 산간 오지 섬진강 상류 쪽의 노령산맥을 넘었고, 충북 영동 민주지산 일대의 고지를 넘었다. 흐린 날, 멀리서 바라보면 산맥의 꼭대기 쪽은 구름과 안개에 덮여서 보이지 않는다. 보이는 것보다 보이지 않는 것이 더 무섭다. 내 마음에 무서움이 가시지 않으면, 나는 자전거

나의 몸이다

를 끌고 산속으로 들어가지 못한다. 그런 날은 산 밑의 여관에서 술을 마시고 잠들었다. 내 마음에서 무서움이 빠져나가야만 나는 자전거를 끌고 낯선 산맥 속으로 들어갈 수 있었다. 자전거는 몸으로 갈 수 없는 길을 갈 수가 없지만 자동차가 갈 수 없는 모든 길을 갈 수 있다. 자전거는 산판길, 자갈길, 논두렁길, 밭두렁길, 진흙길, 뚝방길, 모랫길, 우마차로, 저수지길, 염전길, 성황당 고개를 모두 갈 수 있다. 산맥을 넘어가는 길은 산의 가파른 봉우리나 깊은 골짜기를 모두 피해서 가장 순한 자리를 따라서 이어진다. 길은 산에 달려들지 않고, 길은 산에 부딪치지 않는다. 길은 산을 달래면서 간다. 물 또한 그러하다. 이 순한 자리를 따라서 자전거는 태백산맥을 넘어서 동해로 나아갈 수 있다.

길은 산에 달려들지 않고,
산에 부딪치지 않는다.
길은 산을 달래면서 간다.

길은 산에 달려들지 않고,
산에 부딪치지 않는다.
길은 산을 달래면서 간다.

길은 산에 달려들지 않고,
산에 부딪치지 않는다.
길은 산을 달래면서 간다.

길은 산에 달려들지 않고,
산에 부딪치지 않는다.
길은 산을 달래면서 간다.

길은 산에 달려들지 않고,
산에 부딪치지 않는다.
길은 산을 달래면서 간다.

길은 산에 달려들지 않고,
산에 부딪치지 않는다.
길은 산을 달래면서 간다.

길은 산에 달려들지 않고,
산에 부딪치지 않는다.
길은 산을 달래면서 간다.

July

윤대녕

나의

해마다 여름이 되면 나는 집을 떠나 강원도에서 글을 쓰며 지낸다. 집필 공간은 일정하지 않아서 사찰일 때도 있고 원주 토지문화관일 때도 있다. 올해는 모 대학 기숙사에서 생활하며 도서관에서 작업을 하고 있다. 서울 집에는 주말에 들렀다가 일요일 오후에 다시 강원도로 돌아온다. 이런 패턴의 여름나기를 10년 이상 지속해 오고 있다.

나는 성격이 단순해서 무언가를 결정할 때는 신중한 편이지만 결정한 이후에는 단호한 척 뒤를 돌아보지 않는다. 이런 단순함을 나는 스스로 대견스럽게 생각하며 살아왔다. 한 곳만을 응시하는 자의 모습을 사람들에게 보여주고 싶었던 것이다. 그런데 최근에야 나는 대부분의 다른 남자들처럼 내가 '직진형 인간'에 불과하다는 사실을 깨달았다. 좌우를 살필 겨를 없이 앞만 보고 달려가면서 삶의 변화를 가늠하거나 즐길 줄 모르는 무표정한 중년의 사내 말이다.

지난주 일요일에도 나는 서울에서 중부고속도로를 타고 강원도로 돌아오고 있었다. 수도 없이 오간 길이었다. 무심코 라디오를 켜자 레너드 스키너드의 '프리 버드'라는 노래가 흘러나오고 있었다. 청년시절에 내가 아주 좋아하던 노래였다. 순간 가슴에서 묘한 진동이 느껴지면서 곧 파문처럼 번져나갔다. 땅거미가 지는 고속도로는 한적했고 후면경 속으로는 노을이 장엄한 빛으로 내려앉고 있었다. 그런데 어느 순간 나는 길을 잘못 들었음을 깨달았다. 나는 영동고속도로가 아닌 대전 방향 중부고속도로로 계속 달려가고 있었다. 호법 나들목으로 U턴해 오는 사이 나는 오랫동안 뒤를 돌아보지 않은 채 살아왔음을 저절로 알게 되었다. 그러자 돌연 참기 힘든 고통이 엄습하면서 잊었던 꿈들이 하나씩 되살아나기 시작했다.

10대 때 나의 꿈은 여행자가 되는 것이었다. 그리고 나이가 들면 출가해 법法을 구하는 사문이 되는 것이었다. 그리하여 20대에서 30대 후반까지 나는 사막과 설국雪國을 거쳐 많은 곳을 여행했다. 또 긴 시간을 절에 머물며 은둔과 명상에 사로잡히기도 했다. 내가 소설가가 된 것은 아마도 여행자와 승려 사이의 타협적인 선택이었을 것이다. 그 선택을 나는 기꺼이 운명으로 받아들였으며 크게 후회한 적도 없다. 그런데 뜻

버킷 리스트

밖에 찾아온 U턴의 상황 속에서 나는 어느덧 내 나이가 오십이라는 것과 더는 여행을 하거나 꿈을 꾸지 않고 살아간다는 사실을 인정하지 않을 수 없었다.

오래전에 가려 했으나 그동안 까맣게 잊고 있었던 곳으로 가기 위해 적금을 들기로 했다. 그러니까 다시 첫 번째 여행지는 아르헨티나의 이구아수 폭포로 정했다. 그곳에 다녀오면 영혼이 변한다는데, 뒤늦게나마 '한 소식' 하게 될지 누가 알겠는가.

두 번째 나의 버킷 리스트는 그동안 잊고 살았던 사람들을 찾아가 만나는 일이다. 머지않은 미래의 어느 해 봄이 되겠지. 개화가 시작되면 제주도로 내려가 그리웠던 사람을 만나 한 끼의 식사와 술을 나눠 마시고 헤어지련다. 그리고 개화 지점을 따라 북상하면서 부산 통영 경주 안동 광주 전주 대전 강릉 속초를 거쳐 고성에 닿을 때까지 그곳에 사는 사람을 만나 역시 한 끼의 식사와 술을 나누고 홀가분하게 집으로 돌아오는 한반도 봄꽃 여행을 하리라.

한 가지 더. 나는 연극계 사람들과 자주 어울리곤 하는데 어느 날 원로 연출가 한 분이 내게 희곡을 한 번 써보라고 진지하게 권했다. 나는 고개를 가로저으며 "극작은 아무나 하나요?"라며 얼버무렸다. 사실 나는 그분이 내게 이렇게 말해주길 바라고 있었다. "언제 연극에 출연해 보지 않겠소?" 연전에 나는 내 소설을 무대화한 연극에 카메오로 5분쯤 출연한 적이 있는데, 그때 야릇한 영감이 뒤통수를 치고 지나갔다. 어? 내게 혹시 배우의 기질이 숨어 있는 건가? 그렇다면 언젠가 한 번은 제대로 무대에 서 봐야 하지 않을까? 주연 배우가 아니어도 좋습니다. 만약 이 글을 읽는 연극 연출가가 있다면 금명간 연락 좀 주셨으면 합니다만…….

개화가 시작되면 제주도로 내려가 그리웠던 사람을 만나
한 끼의 식사와 술을 나눠 마시고 헤어지련다.

개화가 시작되면 제주도로 내려가 그리웠던 사람을 만나
한 끼의 식사와 술을 나눠 마시고 헤어지련다.

개화가 시작되면 제주도로 내려가 그리웠던 사람을 만나
한 끼의 식사와 술을 나눠 마시고 헤어지련다.

개화가 시작되면 제주도로 내려가 그리웠던 사람을 만나
한 끼의 식사와 술을 나눠 마시고 헤어지련다.

개화가 시작되면 제주도로 내려가 그리웠던 사람을 만나
한 끼의 식사와 술을 나눠 마시고 헤어지련다.

개화가 시작되면 제주도로 내려가 그리웠던 사람을 만나
한 끼의 식사와 술을 나눠 마시고 헤어지련다.

개화가 시작되면 제주도로 내려가 그리웠던 사람을 만나
한 끼의 식사와 술을 나눠 마시고 헤어지련다.

개화가 시작되면 제주도로 내려가 그리웠던 사람을 만나
한 끼의 식사와 술을 나눠 마시고 헤어지련다.

August

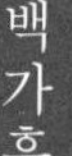

몽골에서 얻은 소중한 것

몇 년 동안이나 미루었던 여행을 몽골로 왔습니다. 지난 시간 아무런 여유가 없었던 셈이지요. 서울에서의 생활이라는 것은 바쁘다는 핑계를 입에 달고 살던 시간은 아니었던 걸까요. 바쁘지 않으면 뒤처질 것 같고, 사라질 것 같은 두려움이 무너뜨린 여유에 대해 생각합니다.

울란바타르에서 500여 킬로미터 남쪽의 고원마을 어믄고비. 막 허물어지는 초원 위, 석양을 보며 되묻습니다. "넌 뭐가 그리, 언제나 바쁘니? 진짜 바쁘긴 하니?" 밤 열시인데요. 이제야 저녁이고 밤이라고 생각하니, 왠지 시간을 번 느낌이 듭니다. 대자연 앞에서도 뭔가를 챙기는 데 익숙한 도시인의 습성이라는 것, 참으로 보잘것없어지는 순간입니다. 시간에 따라 변하는 하늘과 땅이 가진 빛과 색깔의 변화에 황홀해집니다. 초원에는 오직, 초원만이 존재합니다. 땅 위에 풀이 있고, 풀을 뜯는 양과 말이 있고, 그것을 돌보는 사람이 있습니다. 결국은 모든 생명들이 초원인 셈이지요. 초원 위, 인간은 초원을 정복하려 하지 않습니다. 울타리도 없죠. 양떼와 말들은 가끔 물을 마시러, 소금을 먹으러 잠깐 주인집에 들릅니다. 볼일을 마친 가축은 다시 자신이 원하는 곳을 찾아 자유롭게 떠납니다. 옆에 서 있던 몽골 친구에게 묻습니다. "누가 훔쳐 가면 어떡해?" "누가, 훔쳐요?" 초원에는 초원만 존재한다는 것을 매번 까먹습니다. 초원 위에 서서 저는 서울의 그것을 고집하고 있습니다. 그러고 보니 어제 있었던 일이 새삼 떠오릅니다. 우리나라 막걸리와 비슷한 아이락이라는 술이 있는데요, 가축의 젖을 발효시켜 만든 술입니다. 한 게르에 들렀을 때, 마침 가족은 양을 잡고 있었습니다. 안주인은 갑작스럽게 찾은 우리를 마다하지 않고, 손님방에서 저희에게 말 젖으로 만든 마유주를 대접했습니다. 큰 대접에 안주인은 아이락을 가득 담아 주었는데요, 우리는 그것을 돌려 마셨습니다. 그러던 중, 제가 살짝 몽골친구에게 물었습니다. "그런데 이분들은 돈은 어떻게 벌어서 사는 거야?" "이분들, 돈 안 벌어요. 돈 벌 필요 없어요. 겨울에 양고기 먹고, 여름엔 양젖으로 만든 요구르트, 마유주 먹어요. 가끔 양하고 감자나 곡식하고 바꾸어 먹어요. 이 사람들 돈 필요 없어요." 저는 이해가 되지

가진 것이 너무 많아 초라해지는 저녁

않아서 빤히 그 친구를 쳐다보았습니다. "돈이 필요한 사람들은 도시에서 사는 사람들이에요. 저 같은 사람들요." 그가 고개를 떨구며 마유주를 마셨습니다. 그가 건네는 마유주의 맛이 시큼했습니다.

해가 지고 난 뒤에도 한참 동안이나 먹빛이 하늘에 돕니다. 저는 평생 바라보고 살았던 하늘, 남쪽을 바라봅니다. 신비한 하늘빛에 두고 온 하늘 아래, 제가 가진 것이 너무 많아 초라해지는 저녁입니다. 무엇을 위해, 무엇을 갖기 위해 저는 그렇게 바빴던 것이었을까요. 그게 정말 자신을 위한 건 맞았던 걸까요. 멀리 떠난 후에야, 여행을 온 후에야 골똘해집니다. 돌아가게 되면, 한동안은 이런 생각으로 조금 여유가 생길까요. 다시 왜 바쁜지 모르게 바빠지겠지만, 그래도 전보다 마음은 무엇인가를 놓는 연습을 하게 되겠지요? 여름, 몽골여행에서 얻은 소중한 것입니다.

초원에는 오직, 초원만이 존재합니다.
모든 생명들이 초원인 셈이지요.

초원에는 오직, 초원만이 존재합니다.
모든 생명들이 초원인 셈이지요.

초원에는 오직, 초원만이 존재합니다.
모든 생명들이 초원인 셈이지요.

초원에는 오직, 초원만이 존재합니다.
모든 생명들이 초원인 셈이지요.

초원에는 오직, 초원만이 존재합니다.
모든 생명들이 초원인 셈이지요.

초원에는 오직, 초원만이 존재합니다.
모든 생명들이 초원인 셈이지요.

초원에는 오직, 초원만이 존재합니다.
모든 생명들이 초원인 셈이지요.

9

September

안도현

편지 한 장 안 쓴

내 어린 시절, 어머니는 군대 간 외삼촌에게서 온 편지를 나더러 읽으라고 하셨다. 글을 읽고 쓸 줄 아는 어머니였지만 '군사우편'이라는 푸르스름한 글자가 찍힌 편지봉투를 뜯어 그 내용을 소리 내어 읽는 일은 내 몫이었다. 그때마다 어머니는 훌쩍이며 손등으로 눈물을 닦았다. 울기 위해 나한테 편지를 읽으라고 하나? 나는 입술을 삐죽이며 그렇게 생각했다.

외삼촌에게 답장을 쓰는 일도 나한테 시키셨다. 나는 방바닥에 엎드려 어머니가 구술하는 사연을 연필로 또박또박 받아 적었다. 우체국에 가서 우표를 사서 붙이고 편지를 우체통에 넣으면서 나는 또 이렇게 생각했다. 편지가 가닿을 '전방'이라는 곳은 아주 살벌하고 무시무시한 곳일 것이다! 우리 어머니를 울게 만드는 곳이니까!

"가을엔 편지를 하겠어요. 누구라도 그대가 되어 받아주세요." 고은 시인이 작사하고 김민기가 곡을 붙인 〈가을편지〉다. 요즘 같은 늦가을에 자주 들리는 노래다. 입으로 노래를 흥얼거리면서도 가슴 한쪽이 괜히 뜨끔해진다. 펜으로 쓴 편지를 보내본 기억이 가물가물하기 때문이다. 글 쓰는 일을 업으로 삼고 있는 나마저 편지를 써본 지 오래된 것이다. 편지가 오늘의 형식이 아니라 과거의 형식으로 점점 멀어지고 있는 현실이 참으로 아득하게 느껴진다.

우리는 옛날에 편지에 담긴 내용만 읽었던 게 아니다. 한 자씩 정성 들여 쓴 글씨체, 편지지, 편지 봉투, 우표를 붙이는 위치와 모양까지도 모두 편지의 형식으로 이해하였다. 편지 봉투를 봉할 때의 손자국까지도 마음으로 읽고자 하였다. 편지에 마음을 고스란히 담아 보낸다는 말이 결코 멋을 내기 위한 수사가 아니었다.

우리 집 발코니의 다용도실 깊숙한 곳에는 참 오래된 마대 자루가 하나 있다. 내가 여러 차례 집을 옮기는 동안에도 그 자루는 줄곧 나를 따라다녔다. 아니, 그것을 내가 내다버리지 않고 여태 데리고 다녔다는 말이 맞는지도 모르겠다.

그 자루 속에는 내가 한 30년 가까이 받은 편지들이 빼곡하게 들어 있다. 가끔 좀 한가해지면 노끈으로 묶어 놓은 그 자루의 주둥이를 마음먹고 풀어봐야겠다는 생각을

가을

하곤 한다. 하지만 오래된 과거를 찬찬히 열어 보는 여유를 즐길 만한 생이 아니었기에 아직 한 번도 손을 대 보지는 못했다. 또 거기에는 나도 잘 기억하지 못하는 너무 많은 과거가 웅크리고 있을 것 같아서 두려운 생각이 드는 것도 사실이다. 낡은 자루 안에 무슨 영혼 같은 게 깃들어 있기야 하겠는가마는, 편지를 보낸 사람들의 마음의 무늬가 채워진 자루라고 나는 믿고 싶은 것이다.

그 자루 속에 어떤 편지들이 들어 있을까? 아마 어머니한테 받은 몇 통의 편지도 '어눌한 문장' 그대로 거기에 들어 있을 것이다. 열세 살에 도시로 유학을 나간 어린 아들에게 시골 사는 어머니가 보낸 편지 말이다. 곤궁한 자취생이던 아들에게 소포로 참기름을 부치면서 어머니는 커다란 글씨로 이렇게 쓰셨던 것 같다. 참기름이 몸에 좋으니 콩나물이나 시금치 같은 나물을 무칠 때는 아끼지 말고 많이 넣어 먹어라……. 어린 나이였지만 그 참기름이란 말 때문에 나는 가슴이 좀 울렁거렸던 것 같고, 그 후 수십 년이 지났지만 그 편지 속의 참기름은 머릿속에 도장처럼 찍혀 있는 말이 되었다.

문학소년 시절에 친구들이 보낸 편지도 거기에 들어 있을 것이다. 글 쓰는 재미에 맛을 들이기 시작한 우리에게 고등학교 3년 동안 편지를 주고받는 일은 또 다른 문학 행위의 하나였고 중요한 연애 사업의 방법이었다. 편지를 통해 우리는 자연스럽게 문장 연습을 한 듯하다. 누군가의 멋진 문장은 감탄과 함께 자주 질투의 대상이 되었다. 우리는 한껏 멋을 내느라고 볼펜보다는 만년필을 선호했으며, 흔해 빠진 흰 봉투 대신에 고전적인 느낌이 드는 누런 봉투를 찾아 쓰려고 문방구점을 전전했으며, 검은 줄이 그어진 양면 괘지보다는 뭔가 좀 독특한 디자인의 원고지를 아껴가며 편지지로 사용하였다. 아름답고 정확한 문장을 쓰는 것만이 문학이 아니라, 어떤 봉투에 어떤 편지지를 사용하는가 하는 것도 문학이라는 것을 당시에 편지는 가르쳐 주었다.

그 낡은 편지 자루 속에는 풋사랑이라고 이름을 붙일 법한 애틋한 감정의 물살이 찰랑거리고 있을 것 같고, 평소에 존경하던 선배 문인한테 편지를 받고 가슴이 둥둥거리던 시간이 들어 있을 것 같고, 이 세상의 모든 악동과 천사들이 한 식구인 양 차곡차곡 어깨를 대고 숨을 쉬고 있을 것 같다.

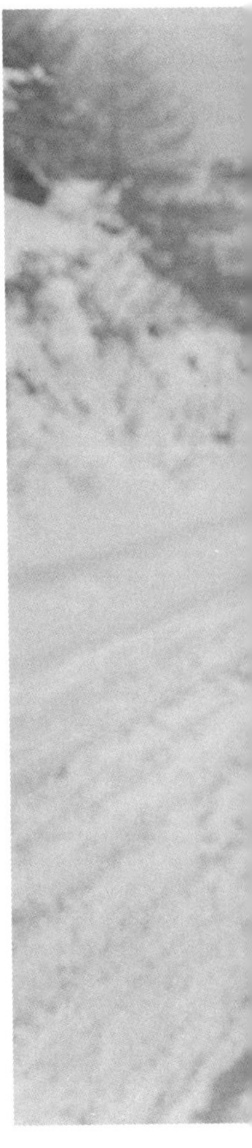

우체국에서 편지 한 장 써보지 않고
인생을 다 안다고 말하는 사람들을 또 길에서 만난다면
나는 편지봉투의 귀퉁이처럼 슬퍼질 것이다
바다가 문 닫을 시간이 되어 쓸쓸해지는 저물녘
퇴근을 서두르는 늙은 우체국장이 못마땅해 할지라도
나는 바닷가 우체국에서
만년필로 잉크 냄새 나는 편지를 쓰고 싶어진다
(졸시 〈바닷가 우체국〉중에서)

나는 이렇게 노래한 적이 있지만, 편지 대신에 간편한 이메일을 이용하면서 봉투에다 정성껏 우표를 붙이던 손을 잃어버렸다. 빨간 우체통 속에 얼마나 많은 편지가 들어 있을까 가늠해 보던 마음의 눈도 잃어버렸다. 편지를 보내고 나서 답장을 기다릴 때의 그 간절한 기다림의 자세도 잃어버렸다.
세상은 편리해지고, 시계 침은 과거보다 더 빨리 돌아가지만 우리는 왜 그다지 행복하지 않은 것일까? 편지 한 장 써보지 않고 가을을 보냈기 때문이 아닐까? 가끔 우체국 앞을 지나가다 보면 우체통이 그렇게 쓸쓸해 보일 수가 없다. 우체통이 금방이라도 울음을 터뜨릴 것만 같다.

©윤광준

그 낡은 편지 자루 속에는
풋사랑이라고 이름을 붙일 법한
애틋한 감정의 물살이 찰랑거리고 있을 것 같다.

그 낡은 편지 자루 속에는
풋사랑이라고 이름을 붙일 법한
애틋한 감정의 물살이 찰랑거리고 있을 것 같다.

그 낡은 편지 자루 속에는
풋사랑이라고 이름을 붙일 법한
애틋한 감정의 물살이 찰랑거리고 있을 것 같다.

그 낡은 편지 자루 속에는
풋사랑이라고 이름을 붙일 법한
애틋한 감정의 물살이 찰랑거리고 있을 것 같다.

그 낡은 편지 자루 속에는
풋사랑이라고 이름을 붙일 법한
애틋한 감정의 물살이 찰랑거리고 있을 것 같다.

그 낡은 편지 자루 속에는
풋사랑이라고 이름을 붙일 법한
애틋한 감정의 물살이 찰랑거리고 있을 것 같다.

그 낡은 편지 자루 속에는
풋사랑이라고 이름을 붙일 법한
애틋한 감정의 물살이 찰랑거리고 있을 것 같다.

October

하성란

빨강 구두

1985년 그해 10월에 나는 내가 그토록 꿈꾸던 '어른'이 되었다. 취업이 되었다는 통보를 전해 받고 제일 처음 한 일은 영등포 지하상가에서 숙녀들이 입는 정장 투피스와, 핸드백 그리고 굽이 높은 구두를 산 거였다. 새로 산 구두를 신고 장판 위에서 여러 번 걷는 연습을 했지만 정작 회사로 가는 첫 출근길에서는 자꾸 발목이 삐끗거렸다. 세상은 결코 우리집 안방처럼 만만하지 않았다. 출근 시간의 전철 안은 만원이었고 주인을 알 수 없는 손이 투피스를 입은 내 엉덩이를 건드리고 사라졌다. 어른이 되는 첫번째 날은 내가 생각한 것과는 영 딴판이었다.

시청역에 내려 덕수궁 돌담길을 따라 올라가면 내가 일할 회사의 건물이 나타났다. 어른 걸음으로 10분이면 갈 수 있는 거리를 그날 난 20분이 다 돼가도 도착하지 못하고 있었다. 회사는 지척에 있어 손에 잡힐 듯한데 두 발이 펄 속에 빠진 것처럼 걷는 것조차 힘에 부쳤다. 이러다 영영 회사로 가지 못하는 것은 아닐까, 어른이 될 기회를 놓쳐버리는 것은 아닐까. 시간은 점점 흘러가고 회사로 들어가는 건물의 정문은 쉽사리 나타나지 않고.

난 어릴 적 읽었던 《빨강 구두》란 동화를 떠올렸다. 빨강 구두는 제 멋대로 춤을 추면서 구두를 신은 아가씨를 끌고 다녔다. 우연인지도 모르지만 내가 신고 있던 구두도 빨강색이었다. 그때 한창 유행이었던 반짝반짝 빛이 나는 에나멜 구두.

그날 난 지각을 했다. 머리카락이 땀에 젖어 달라붙고 피곤에 지친 모습으로 사무실에 나타났을 때 남자 사원 중의 누군가가 꼬리 긴 휘파람을 불었다. 다행히 첫 출근이었기 때문에 지각에 대해 언짢은 말을 듣지는 않았다.

구두를 신은 발이 너무 아팠다. 책상에 앉아 있을 때면 다른 사람이 눈치 채지 못하도록 살짝 구두를 벗어두었다. 하지만 신입 사원이 무턱대고 책상에 앉아 있을 수만은 없었다. 복사를 하고 타이프를 치고 이곳저곳으로 정신없이 돌아다녔다. 점심시간이 되면 좀 쉴 수 있을 거란 내 생각은 여지없이 깨지고 말았다. 지금의 내 나이였던 젊은 사장님은 처음 입사한 직원을 위해 광화문에 있던 호텔 음식점까지 점심을 먹으러

갔다. 정동에서 광화문으로 빠르게 갈 수 있는 지름길은 여간 험난한 길이 아니었다. 아직도 그 길이 그대로 남아 있는지는 모르겠지만 경사가 급한 언덕에 사람들의 발길이 만들어놓은 계단 비슷한 것이 남아 있었다. 굽이 높은 구두를 신고 그 언덕길을 내려갈 때 마치 난 외줄을 타는 서커스 소녀의 심정이었다. 나는 직원들 맨 꽁무니에 서서 다리를 절룩이면서 따라갔다.

음식은 요리책을 보는 것처럼 아름다웠지만 아픈 발 때문에 도무지 맛을 느낄 수 없었다. 어른이 되는 통과의례치고는 너무도 큰 고통이었다. 차라리 검을 들고 불을 뿜는 용과 싸우는 것이 나을 성 싶었다. 애당초 이런 구두를 사는 게 아니었다. 운동화에 익숙한 넓고 큼지막한 발을 가진 내가 감히 빨간 에나멜 구두에 욕심을 내다니. 빨강 구두처럼 비실용적인 것도 없다는 것을 나중에야 알게 되었다.

오후가 되었을 때는 발이 퉁퉁 부어 있었다. 꼬집어보았지만 감각이 없었다. 책상 밑에서 슬쩍슬쩍 벗어두었던 구두에 어느 순간부터 아예 발이 들어가지 않았다. 절룩거리면서 집으로 돌아왔다. 인적이 뜸한 곳에서는 구두를 벗어 양손에 들고 맨발로 걷다가 저만치 사람이 보이면 재빨리 구두를 신었다. 집으로 돌아와 발을 씻다가 양쪽 발목에서 동전만한 물집을 발견했다.

회사에 가면서 운동화를 신고 갈 수는 없는 일이었다. 덕수궁 돌담길은 고통의 길이었다. 법원 앞에는 전경들 몇이 보초를 서고 있었다. 그들 중의 누군가가 나를 향해 작은 목소리로 말을 걸었다. 그 앞에서는 알아들을 수 없었지만 회사로 들어서는 순간 그 말이 귀에 들어왔다. 오리, 오리, 오리…….

굽이 높은 구두를 신고 있느라 무릎은 제대로 펼 수 없었고 그러자니 당연히 엉덩이를 뒤로 뺄 수밖에 없었을 것이다. 그 모습이 마치 오리처럼 보였던 모양이었다.

서툴기만 하던 회사 일에 요령이 생길 무렵 구두에 슬린 발뒤꿈치에도 굳은살이 박였다. 에나멜 구두는 내 발 모양에 따라 벌어져서 예전의 그 날씬하던 모습은 볼 수 없었다. 하지만 최소한 오리처럼 걷지는 않게 되었다. 날이 더워지면서 나는 또 하나의 구두를 샀다. 이번에는 명동의 번화가에 있는 이름 있는 구두점에서였다. 첫 구두처럼 쉽게 결정하지는 않았다. 아무리 생각해도 난 빨간 구두에게 홀린 것 같았다. 그렇지 않고서야 어떻게 그런 구두를 살 생각을 할 수 있었을까. 구두를 신고 매장 안을 충분히 걸어보았다. 똑같은 실수를 되풀이하고 싶지 않았고 무엇보다 그 고통이 싫었다. 모양보다는 발에 편한 것부터 생각했다. 이성적으로 고른 구두는 효과가 있어 두 번째 구두는 발에 딱 맞았다. 이미 내 발에는 적당히 굳은살들이 박혀 작은 고통들에는 무뎌 있는지도 몰랐다. 자연히 나는 빨간 에나멜 구두를 잊었다.

어느 날 나는 우리집 쓰레기통 위에서 비를 맞고 있는 빨간 에나멜 구두를 발견했다. 어머니가 신발장을 정리하면서 버린 모양이었다. 밑창은 헤져 벌어지고 보도블록에 칠이 벗겨지고 옆으로 벌어진 구두는 볼썽사나웠다. 나는 그 구두에게 인사를 했다. 안녕. 내 스무 살.

©윤광준

나는 그 구두에게 인사를 했다.
안녕. 내 스무 살.

나는 그 구두에게 인사를 했다.
안녕. 내 스무 살.

나는 그 구두에게 인사를 했다.
안녕. 내 스무 살.

나는 그 구두에게 인사를 했다.
안녕. 내 스무 살.

나는 그 구두에게 인사를 했다.
안녕. 내 스무 살.

나는 그 구두에게 인사를 했다.
안녕. 내 스무 살.

나는 그 구두에게 인사를 했다.
안녕. 내 스무 살.

November

박남준

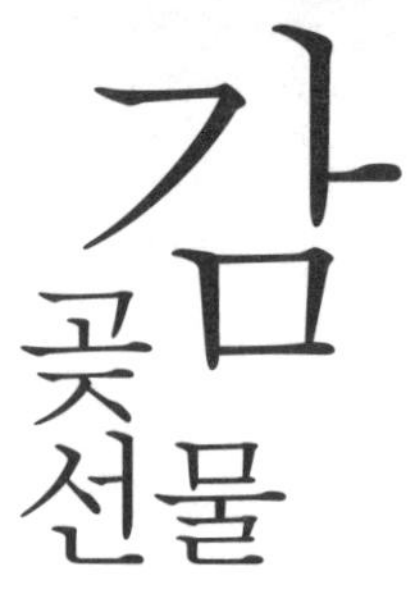

곶감 선물

마을 대밭에 가서 대나무를 베어다 처마 끝에 걸고 감을 깎았다. 혼자 먹기 위한 것이 아니었다. 팔기 위한 것도 아니었다. 그리하여 조금은 힘들었으나 그리운 얼굴들 떠올라 대나무에 한 줄 한 줄 걸려가는 감들을 깎고 거는 그 밤 내내 즐겁고 행복했다. 올해도 나는 우리 집 문밖에 꽃단장을 했다. 감을 깎아 꽃등처럼 내거는 것이다. 작년에도 다 된 곶감을 걷어 넉넉한 양은 아니지만 작은 상자에 담아 내가 살아오며 이런저런 마음의 빚을 졌던 주위 분들에게 편지를 썼다.

"지리산의 햇빛과 바람, 새 소리와 처마 끝 풍경 소리와 작은 개울물 소리를 엮어서 곶감을 만들었습니다. 양도 많지 않고 때깔도 그리 곱지는 않지만 맛보시기 바랍니다. 깨끗이 말리기는 했으나 땀내 나는 제 손길이 꼼지락꼼지락 간을 더하여 심심하지는 않을 것입니다."

처마 끝에 풍경소리가 뎅그렁 거린다. 곶감이 잘 말라가고 있다. 작년에 미처 보내드리지 못한 분이 누가 있을까. 누군가를 위하여 나눌 일이 있다는 것, 나누어줄 누군가가 아직 내 곁에 남아 있다는 것, 얼마나 고마운 일이냐.

©박남준

깨끗이 말리기는 했으나 땀내 나는 제 손길이
꼼지락꼼지락 간을 더하여 심심하지는 않을 것입니다.

깨끗이 말리기는 했으나 땀내 나는 제 손길이
꼼지락꼼지락 간을 더하여 심심하지는 않을 것입니다.

깨끗이 말리기는 했으나 땀내 나는 제 손길이
꼼지락꼼지락 간을 더하여 심심하지는 않을 것입니다.

깨끗이 말리기는 했으나 땀내 나는 제 손길이
꼼지락꼼지락 간을 더하여 심심하지는 않을 것입니다.

깨끗이 말리기는 했으나 땀내 나는 제 손길이
꼼지락꼼지락 간을 더하여 심심하지는 않을 것입니다.

깨끗이 말리기는 했으나 땀내 나는 제 손길이
꼼지락꼼지락 간을 더하여 심심하지는 않을 것입니다.

깨끗이 말리기는 했으나 땀내 나는 제 손길이
꼼지락꼼지락 간을 더하여 심심하지는 않을 것입니다.

깨끗이 말리기는 했으나 땀내 나는 제 손길이
꼼지락꼼지락 간을 더하여 심심하지는 않을 것입니다.

12
December

김인숙

어쩌다 보니 개미가 많은 집에서 한동안 살게 됐다. 저녁 때 설거지를 미뤄두고 자거나 바닥에 떨어진 음식 부스러기들을 그대로 남겨 놓으면 아침에 새까맣게 몰려있는 개미들을 발견하게 된다. 온 집안의 개미뿐만 아니라 온 동네의 개미가 다 몰려든 것처럼 그야말로 엄청난 개미들이다. 그 많은 개미를 한꺼번에 치워버리는 방법은 약을 뿌리는 것뿐인데, 그렇게 하면 약 냄새에 위협을 느낀 여왕개미가 다른 집을 지어 개미가 더 늘어난다고 한다.

이미 충분히 많을 만큼 많은 개미니 더 늘어나는 것이 무서울 것은 없으나 아침마다 거대한 살육을 해야 하는 것이 즐거운 일일 수가 없어 좀 더 신경을 써서 청소를 하기로 했다. 그래도 개미들은 몰려든다. 주스 잔이 놓였던 자리, 쓰레기통 주변, 흘렸는지도 알지 못했던 과자 부스러기 위로. 심지어는 세면대의 보이지 않는 치약 찌꺼기를 찾아서도 몰려든다. 못 참을 지경이면 약도 뿌리고 쓸어버리기도 하고 해야 하지만, 그렇지 않으면 그대로 놓아두기로 했다. 저것들도 살자고 먹자고 하는 일인데, 나를 크게 괴롭히지만 않으면 그까짓 남은 것 가져가게 놔두자.

그런데 내가 그토록 마음이 넉넉한 사람이었던가? 그럴 리는 없다. 마당 있는 집에서 어차피 개미들을 완전히 소탕한다는 것은 불가능하다는 걸 알기 때문이고, 개미 많은 이 집에서 영원히 살지 않을 거라는 것도 알기 때문이고, 무엇보다도 견뎌야 하니 어떻게든 적응을 해야 하기 때문이다. 적응의 방법 중 가장 쉬운 것이, 그냥 내 탓이오, 해버리는 것이다. 개미들이 나를 이 집에 불러들이지 않았으니 이 집에서 사는 것도 내 탓이오, 개미들이야 저 먹을 것 찾아 움직이는 것이니 먹을 걸 거기다 남겨둔 것도 내 탓이다. 그거 못 참고 죽이는 것도 내 탓이다. 그러니 내 탓 아니려면, 그저 열심히 치우고 또 치우고 그러고도 안 되면 견디는 것뿐이다.

하다 보니 내 탓이오 하는 것처럼 쉬운 일이 없다. 이 집 마당에는 무는 개미도 있어서 마당을 쓸다 보면 흔히 발등이나 발목 따위를 물리게 되는데, 따지고 보니 물리는 것도 내 탓이다. 멀쩡히 살고 있는 개미집을 쓴 것도 내 탓이고, 그 근처에 갔던 것도

개미 생각

내 탓이다. 선승의 경지에 올라서가 아니다. 다 나 편하자고 먹는 마음이다. 남 원망하고, 세상 어지럽게 돌아가는 거 탓하거나 분노하면서 마음 부대끼는 거 싫고, 마음 너그러운 사람 흉내 내는 것도 그다지 나쁘지 않고, 착한 나와 나쁜 너를 가르는 기분도 괜찮은 것이다. 그러면서 고작 개미한테인데 어떠랴 라고 하지만 어디 개미에게뿐이겠는가. 세상 모든 것에 그러하지는 않겠는가. 내 탓이오 하면서 고개 돌려버리는 순간 정작 힘 가진 사람들은 망설임도 없고 부끄러움도 없이 네 탓이오 하는데, 그런 말 듣는 것조차 내 탓이다 하고 있지는 않은가.
그러고 보니 개미들은 절대로 내 탓도 네 탓도 안 한다. 생존의 법칙을 좇아 쉬지 않고 움직일 뿐이겠다. 개미들이 게으르거나 그 자리에서 혼자 먹는 것을 보지 못했다. 살아야 하기 때문이고, 공존해야 하기 때문일 터이다. 개미가 내 발등을 물때, 저 혼자 살자고 하는 일인지 아니면 무리를 지키고자 하는 일인지는 나는 모르겠다. 한 가지 아는 것은 그저 사정없이 물어버린다는 것뿐이다.
사람 사는 세상은 누군가가 나를 해친다고 해서 쉽게 물 수도 없고, 사정을 안 볼 수도 없다. 그 세상살이의 깊은 속을 들여다보려면 온 평생이 다 걸리겠다. 그렇더라도 한 마디 할 수 있는 것은 있다는 생각이 든다. 네 탓이라고 말하면서도 부끄러움이 없는 사람들, 내 탓이라고 말하면서도 절대로 그렇게 생각 안하는 사람들에게는 단호히 말해줘야 하지 않겠는가. 분명히 그것은 그들 탓이라고 말이다.

©윤광준

그 세상살이의 깊은 속을 들여다보려면
온 평생이 다 걸리겠다.

그 세상살이의 깊은 속을 들여다보려면
온 평생이 다 걸리겠다.

그 세상살이의 깊은 속을 들여다보려면
온 평생이 다 걸리겠다.

그 세상살이의 깊은 속을 들여다보려면
온 평생이 다 걸리겠다.

그 세상살이의 깊은 속을 들여다보려면
온 평생이 다 걸리겠다.

그 세상살이의 깊은 속을 들여다보려면
온 평생이 다 걸리겠다.

그 세상살이의 깊은 속을 들여다보려면
온 평생이 다 걸리겠다.

그 세상살이의 깊은 속을 들여다보려면
온 평생이 다 걸리겠다.

Diary Book
나는 돌도끼를 쥔 신석기 사내들에게서
친밀감을 느낀다

발행인 김현주 **편집장** 한예솔 **디자인** 김미성

등록 2008년 12월 1일 제 396 - 2008 - 00090호
주소 (410 - 909) 경기도 고양시 일산동구 백석동 1318번지 비잔티움 오피스텔 1단지 1016호
주문 및 문의 전화 070 - 7763 - 7200 **팩스** 031 - 907 - 9420

2012년 1월 10일 박은 책(초판 제1쇄)

ISBN 978-89-97454-00-6 03810

* 값은 뒤표지에 있습니다. 잘못 만든 책은 교환해드립니다.

* 작가들의 글에 이어 자신의 글을 써보고 싶은 분은 이메일(somensum@naver.com)이나
우편을 이용하여 섬앤섬 출판사 편집부로 보내주십시오.
심사 후 채택된 글은 다음 책에 싣도록 하겠습니다.